OBSERVATIONS

SUR L'ORIGINE ET LES PROGRÉS

DU PRÉJUGÉ

DES COLONS BLANCS

CONTRE

LES HOMMES DE COULEUR;

Sur les inconvéniens de le perpétuer ; la nécessité, la facilité de le détruire ; sur le projet du Comité colonial, etc.

PAR M. RAYMOND,

Homme de couleur de Saint-Domingue.

———————

A PARIS,

Chez {
BELIN, libraire, rue Saint-Jacques, près St. Yves ;
DESENNE, libraire, au Palais-Royal ;
BAILLY, libraire, rue St. Honoré, barrière des Sergens ;
}
Et au Bureau du PATRIOTE FRANÇOIS, place du Théâtre Italien, rue Favart, n°. 3.

———————

26 JANVIER 1791.

LETTRE
DE J. P. BRISSOT
A M. RAYMOND.

J'ai lu, avec un véritable intérêt, vos Observations sur *l'origine et les progrès du préjugé des colons blancs contre les hommes de couleur.* Je ne doute point qu'elles ne puissent être infiniment utiles, pour achever de détromper les membres de l'assemblée nationale, sur les fausses idées que les blancs leur ont inspirées à l'égard de vos frères. Vous devez vous hâter de les publier ; car M. Barnave nous menace d'une lecture très-prochaine d'un *plan très-complet sur l'organsiation générale des colonies.* — J'ai de la peine à croire que l'assemblée nationale veuille, pour la quatrième fois, adopter, de confiance, et sans aucune discussion, les idées de ce prête-nom des colons. Le masque est tombé, l'homme est connu, et l'assemblée nationale ne se laissera pas sans doute entraîner, avec la même facilité, dans des mesures funestes ; elle se déshonoreroit, si, étant avertie par les surprises précéden-

a ij

tes, elle cédoit encore une fois à la ruse du comité colonial, qui ne manquera pas de ne présenter son rapport, que la veille du départ des flottes.

Vous rappellez-vous avec quelle insigne perfidie M. Moreau de Saint-Méry empêchoit la discussion et l'ajournement du décret dn 29 novembre ? A l'entendre, tout étoit dans le plus grand danger ; il n'y avoit pas un moment à perdre ; les instructions devoient partir sous huit ou dix jours. Deux mois cependant se sont écoulés, la flotte est encore dans nos ports , et les instructions dans le portefeuille du comité colonial.

J'ignore le plan de ce comité ; mais le passé peut juger l'avenir; et on ne doit point attendre de lumières de l'ignorance ou de la perversité. Quel que soit le plan, on ne doit pas balanceer à l'ajourner, sans discussion.

Mon raisonnement est simple ; on a commis une foule de fautes pour les colonies. Eh ! pourquoi ? parce qu'on n'a vu que par les yeux des planteurs et des négocians , qui ont défiguré tous les objets, suivant leur intérêt. Le nouveau plan est encore écrit sous leur dictée. Il faut donc s'en défier.

Chercher à ramener la paix dans les colonies , à former des assemblées primaires, des municipalités, et une administration coloniale ; en un mot, à exécuter le premier décret, quelqu'informe qu'il soit : tel doit être l'unique objet de l'assemblée. Il faut se borner au proviscire, à ce qui est urgent, à ce qui est nécessaire, et ne point s'occuper d'organiser définitivement les colonies, jusqu'à ce qu'on ait entendu les mulâtres et toutes les parties par leurs députés, comme on a entendu les blancs ; jusqu'à ce que les négocians et les colons soient plus d'accord, ou que la discussion ait éclairé leurs intérêts ; jusqu'à ce qu'enfin on ait les rapports des commissaires. Cette organisation doit donc être l'ouvrage de la législature future ; elle poura seule avoir les lumières nécessaires. Aujourd'hui l'on ne se sert que des flambeaux de la haine , du voile des préjugés , et du glaive de la vengeance.

Eh ! puis, quelle confiance avoir dans un comité composé , en partie , d'hommes ennemis, par intérêt, de la liberté et des principes, et d'hommes, dont l'ignorance et l'impéritie sont aujourd'hui mathématiquement démontrés. ? En se confiant à des guides aussi infidèles, aussi aveugles, l'assemblée nationale risque de violer encore une fois ses principes, d'égorger une foule d'honnêtes citoyens, de s'aliéner à jamais les îles, et de ruiner le commerce.

On n'a point encore assez de lumières pour bien juger des colonies, et on a trop de choses à faire, pour acquérir ces lumières. Aussi, les membres de l'assemblée nationale, qui veulent sincèrement le bien et la vérité, doivent-ils rejeter avec soin toutes les propositions qu'on leur fait à cet égard. Telle est celle de statuer sur le sort de nos possessions dans les Indes orientales. A entendre M. Mosneron, elles courent les plus grands dangers. Il faut envoyer vaisseaux, hommes et trésors pour réparer, défendre et s'aggrandir, en profitant de la bonne volonté des Indiens. — Système absurde et funeste, comme on le démontrera, quand cette question sera agitée. — Eh! vivez en paix avec vos voisins, n'intriguez point, ne tracassez point, n'ayez pas la fureur de faire les importans, de jouer un rôle dans l'Inde; commandez des toiles, payez-les bien, et vous serez aimés des princes indiens, dans les états desquels vous ferez circuler l'or, et vivifiérez l'industrie. — Les Américains ont-ils des villes fortifiées, des garnisons, une flotte militaire dans les Indes orientales? Non; cependant leurs pavillons flottent dans tous les ports Indiens; leur commerce est y florissant.

Je reviens à votre ouvrage. Je crois qu'il pourra servir encore à écarter un projet que le comité a, dit-on, arrêté, pour en imposer aux hommes peu éclairés, pour avoir l'air de concilier les intérêts de la justice avec la passion des blancs : c'est de circonscrire le droit de citoyen actif à un certain degré de sang mêlé. Vous avez très-bien prouvé l'illusion et les funestes conséquences de cette idée barbare : elle allumeroit dans les îles trois volcans, au lieu d'un. C'est bien le moyen le plus efficace d'armer les frères contre les frères, les enfans contre leurs parens.

L'assemblée nationale doit être juste envers TOUS, ou elle viole ses principes, et renverse la constitution : les hommes libres doivent être TOUS au même niveau, ou l'on allume une guerre éternelle dans les îles. Ses flambeaux brillent déjà ; on les doit à une équivoque des précédens décrets sur le sort des mulâtres. Les blancs cependant ne parlent que d'échafauds, de gibets. Mais si, dans cette discorde, il est des coupables, ce sont les blancs ; s'il est des rebelles aux décrets, ce sont les blancs. Le brave Ogé et ses compagnons ne demandent que justice, et l'exécution des décrets.

Je ne sais si, dans l'instruction que M. Barnave annonce, il est un article pour sauver la vie des insurgens, des fureurs de la vengeance ; mais s'il l'avoit oublié, j'espère que quelqu'ami de l'humanité se levera, pour demander que le seul corps législatif de France juge de cette insurrection, et que les prétendus coupables lui soient renvoyés ; autrement l'injustice et la haine feroient couler le sang le plus innocent. — Il a déjà coulé ; et ce crime ne doit-il pas forcer les législateurs qui vont prononcer sur le sort de milliers d'hommes, à lire, à examiner, avec une sévère attention, votre ouvrage, et ceux qui ont été publiés en faveur des mulâtres. — *Erudimini qui judicatis.* Qu'ils lisent même les petits pamphlets honteux de vos adversaires, des *Gouy*, des *Moreau*, des *Rouveray*.....; ils serviront à votre cause. La mauvaise foi, la perversité, l'ignorance, s'y montrent à découvert. Il n'est pas jusqu'aux négocians qui, maintenant détrompés, ne sentent que votre cause est la leur, et que les îles ne peuvent prospérer, tant que des hommes libres y seront opprimés.

ORIGINE

ORIGINE

*Du préjugé des Blancs contre les hommes
de couleur des colonies.*

DEPUIS long-temps on agite une grande question pour nos colonies : *savoir si les gens de couleur libres auront les droits de citoyen actif dans les colonies.*

Les planteurs blancs, qui sont les aristocrates, les nobles des colonies, veulent ôter ces droits inestimables aux mulâtres libres, qu'ils détestent, et qu'ils veulent dégrader. Pour y parvenir, ils ont artificieusement confondu la cause des gens de couleur avec celle des esclaves ; et cette confusion réfléchie a tellement embrouillé les idées, sur le véritable état des gens de couleur libres, que, jusqu'à ce moment, une grande partie des membres de l'assemblée nationale n'ont pas encore des notions bien claires, sur la classe des gens de couleur libres et propriétaires.

Il est donc essentiel de les éclairer, et de dire ici, 1°. ce qu'ont été les gens de couleur dans leur origine ; 2°. comment ils se sont perpétués ; et enfin ce qu'ils sont dans le moment actuel.

Un mulâtre est le produit d'un blanc avec une femme noire.

A

On entend , par gens de couleur ou sang-mêlés , le produit des mulâtres entr'eux ou des mulâtres avec des blancs , et de leurs différentes progénitures.

Dans l'origine de l'établissement des colonies, et au moment où l'on commença à y introduire des africains pour les cultiver, il n'y passoit point ou presque point de femmes européennes ; des hommes seuls , brûlant du desir de faire fortune , osoient franchir les mers et s'exposer à vivre dans un climat d'autant plus meurtrier, qu'ils étoient privés de toutes les ressources qu'on s'est depuis procurées.

Transportés sur cette terre étrangère, encore inculte , affoiblis par la chaleur du climat, souvent malades, et privés des secours qu'auroient pu leur porter des épouses de leur couleur , ces européens s'attachèrent à des femmes africaines , qui leur rendirent des soins d'autant plus assidus, que , de leur continuation seule, elles attendoient leur plus grande récompense , leur liberté.

Ces premiers blancs vécurent avec ces femmes comme dans un état de mariage ; ils en eurent des enfans. Quelques-uns , touchés de la tendresse et du soin de ces femmes, et entraînés par l'amour paternel , épousèrent leurs esclaves ; et en les rendant libres par cet acte, ils légitimoient encore le fruit de leurs amours ou de leurs habitudes (1). Le plus souvent ils laissoient, en mourant, à ces enfans des possessions qu'ils avoient cultivées (2). D'autres hommes, moins sensibles que ces premiers, peut-être plus orgueilleux, peut-être enfin engagés déjà par des liens indissolubles, se contentèrent d'affranchir les enfans ainsi que la femme qui les avoit mis au monde, et donnèrent à ces enfans des terres et quelques esclaves.

Voilà, dans le premier âge de la colonie, ce qu'étoient les gens de couleur libres. Ensuite ils se marièrent entr'eux, et les filles épousèrent des blancs qui arrivoient de France.

Lorsque la colonie fut un peu plus cultivée, et que le gouvernement commença à s'en occu-

---

(1) Louis XIV, dans son édit de 1685, ordonnoit même à un maître d'épouser son esclave, lorsqu'il en avoit eu des enfans, s'il n'étoit déjà marié. (Voyez le Code Noir.)

(2) Dans ces premiers temps, les terres ne coûtoient rien ; on délivroit des concessions à un père sous le nom de ses enfans. Ces possessions étoient les plus belles des colonies et les plus productives ; car ces premiers habitans les avoient choisies ; mais ces mêmes terres sont passées aujourd'hui à des blancs qui en ont dépossédé les gens de couleur, par une foule d'actes tyranniques.

per, on y fit passer quelques femmes blanches pour y favoriser la population blanche; mais à cette époque les vertus de ces femmes qui passoient ainsi les mers, paroissoient plus que suspectes; et leurs mariages avec les blancs n'eurent pas tout le fruit qu'on s'en étoit promis. Les blancs leur préféroient des filles de couleur; et ceux qui ne prenoient pas ce dernier parti, se choisissoient des femmes parmi leurs esclaves; pour soigner leur ménage et leurs personnes; ils en faisoient leurs femmes, sous le titre de ménagére. Dès qu'elles avoient des enfans avec leurs maîtres, elles devenoient libres, ainsi que leurs enfans, qui étoient toujours élevés comme les enfans libres. La facilité avec laquelle on obtenoit alors des terres incultes, les mettoit à portée d'en donner à chacun de leurs enfans.

Tel a été l'état des gens de couleur libres au second âge de la colonie.

Jusques-là on n'avoit point connu le préjugé contre cette classe d'hommes libres. Il n'y avoit aucun déshonneur à les voir, à les fréquenter, à vivre avec eux, à faire des alliances avec leurs filles, et on donnoit aux hommes de couleur des commissions d'*officiers dans les milices*.

C'est vers le milieu du troisième âge de la colonie que commença le préjugé; en voici l'origine. Les colonies, un peu avant la guerre de 1744, avoient fixé davantage les yeux de la métropole, parce qu'elles produisoient déjà beaucoup. Il y passa beaucoup d'européens ; les femmes même franchirent les mers en grand nombre, pour y chercher la fortune dont elles étoient dépourvues ; des mères y menèrent leurs filles pour les marier *à de riches colons*. Leurs vœux furent souvent trompés. Comme elles venoient sans fortune, bien des jeunes gens qui passoient dans les colonies pour y acquérir des richesses, préféroient d'épouser des filles de couleur, qui leur portoient en dot des terres et des esclaves, qu'ils faisoient valoir. Ces préférences commencèrent à donner de la jalousie aux femmes blanches. *Inde iræ.*

Ces jalousies se changèrent en haine dans le troisième âge. On voyoit alors beaucoup de jeunes gens de familles, et un grand nombre de cadets de noblesse qui passoient dans les colonies, épouser des filles de couleur, dont les parens étoient devenus riches (1), et se trou-

---

(1) En 1763, on comptoit plus de trois cents blancs, dont plusieurs gentilshommes qui avoient épousé des filles de couleur. *Voyez les* Considérations sur Saint - Domingue, par H. D.

ver, par ce moyen, aisés et à même d'augmenter leurs fortunes.

Telles étoient encore les choses à la fin du troisième âge des colonies, à l'époque de 1749.

Cette époque ramena dans les colonies quelques jeunes gens des deux sexes dans la classe des hommes de couleur, que leurs pères riches avoient envoyés en France, pour les y faire élever et instruire. Les talens d'agrémens qu'ils avoient acquis, et leur fortune, ne servirent qu'à leur attirer davantage la jalousie des blancs. On leur reprochoit leur origine, parce qu'on ne pouvoit leur reprocher autre chose ; mais à cette époque encore, des blancs honnêtes, n'en épousèrent pas moins ces filles de couleur ; ce qui redoubla la rage des ennemis de cette classe. Cependant, malgré leurs efforts et le mépris dont ils cherchoient à les couvrir, cette classe s'augmentoit, aux dépens même de la population blanche ; et parce que beaucoup de blancs préféroient de vivre avec des femmes noires, plutôt que d'épouser des femmes blanches, et parce que le petit nombre de ces dernières étoit un autre obstacle à la population blanche. Une partie des enfans de couleur qui résultèrent de ces mariages et associations, étoit envoyée en France par leurs pères, soit pour les faire élever, soit pour leur faire apprendre des professions analogues aux facültés de leurs parens.

La paix de 1749 atira dans les îles un grand nombre de familles blanches qui adoptèrent bientôt le ressentiment et le préjugé, que les anciens blancs commençoient à manifester contre les gens de couleur, et que leurs fortunes croissantes ne faisoient qu'augmenter.

La paix de 1763 lui donna de nouvelles forces. A cette époque on vit revenir dans les colonies toute cette jeunesse de couleur, qui avoit reçu une bonne éducation, dont plusieurs avoient servi dans la maison du roi (1), et comme officiers dans différens régimens.

Les talens, les qualités, les grâces, et les connoissances que la plupart de ces jeunes gens possédoient, et qui faisoient la censure des vices et de l'ignorance des blancs des îles, furent la cause même de l'avilissement où on les jetta. Les sots ne pardonnent pas l'esprit, ni les tyrans la vertu.

---

(1) A ce sujet, Hilliard d'Auberteuil disoit, en 1776, dans ses considérations, que depuis qu'il passoit en France beaucoup de jeunes créoles blancs, ils avoient fait connoître le préjugé, que les hommes de couleur ne pouvoient plus tromper sur leur état, et qu'ils n'étoient plus reçus au service.

Aux humiliations dont les blancs accablèrent cette jeunesse de couleur, ils cherchèrent à joindre des loix oppressives qui sanctionnassent ces opprobres, qui étouffassent tous les talens et l'industrie de cette classe.

Avant cette époque, les hommes de couleur exerçoient l'art de la chirurgie ; il y en avoit un à Jacmel, appellé Huguet, qui avoit fait ses cours à Paris, et étoit très-recherché. Un autre, dans le même cas, appelé Descourbes, l'a exercé à Aquin. En avril 1764, on défendit aux hommes de couleur d'exercer cet art utile, on en accorda le monopole aux blancs. Il en fut de même pour les sages-femmes de couleur.

Il y avoit, comme je l'ai dit, à Saint-Domingue, une grande quantité de blancs mariés à des personnes de couleur. On accabla ces blancs de si cruels mépris, qu'on arrêta subitement ces associations, dictées par la nature des lieux, et qui auroient fait rapidement peupler et prospérer ces îles. Vous observerez combien une pareille marche a dû faire propager le concubinage, dont les blancs veulent faire réjaillir maintenant la peine sur les fruits innocens qui en sont provenus.

Plusieurs blancs ayant eu des enfans avec des filles de couleur, voulant s'arracher, eux et leurs enfans, à ce mépris injuste, s'établirent en

France avec elles , et par un nouveau mariage, ils légitimèrent leurs enfans. Qu'imagina la jalousie des blancs ? On surprit un arrêt du conseil, qui défend ces mariages, même en France, et depuis, on vit des curés, à Paris, refuser de marier ici des hommes de couleur avec des blanches.

Plusieurs blancs, quoique mariés à des femmes de couleur, avoient été élevés aux charges publiques ; plusieurs étoient marguilliers de leurs paroisses. Mais vers 1762, M. Guérin, habitant riche de Jacmel, mari d'une femme de couleur, ayant été élu marguillier de sa paroisse, fut dépossédé de sa charge après quelques mois d'exercice, par un arrêt du conseil du Port-au-Prince, qui déclaroit que les blancs , mésalliés , ne pouvoient jouir de cet honneur.

Pendant la guerre de 1755 , et avant , messieurs Guillaume Labadie, Jacques Bourry, Jacques Delaunay, d'Avesne, et beaucoup d'autres, avoient des brevêts de capitaine et de lieutenant des milices : en 1768 on les en dépouilla , quoiqu'ils eussent parfaitement servi en cette qualité. Ce fut alors , que la jalousie des blancs contre les gens de couleur se déploya avec une fureur dont on n'a pas d'exemple. C'étoit l'époque du rétablissement des milices ; on ne se borne pas à dépouiller de leurs commissions d'officiers les gens de couleur, malgré leurs services éclatans. On vit succéder à cette injustice une foule d'ordonnances qui rencherissoient les unes sur les autres en tyrannie, autant qu'en absurdité. Les unes défendoient aux personnes de couleur de se servir de voiture roulante ; une autre leur défendoit de s'habiller à la manière des blancs, et de se vêtir des mêmes étoffes, de porter des bijoux : c'étoit bien l'ordonnance la plus impolitique, puisqu'on détruisoit par-là une branche de l'industrie de la métropole ; mais la jalousie ne respecte rien, s'égorge elle-même. Des lettres ministérielles défendoient d'enregistrer les titres de noblesse des blancs qui avoient épousé des femmes de couleur ; d'autres défendoient qu'on laissât passer des personnes de couleur en France, ni même leurs enfans, pour les faire éduquer ; d'autres déclaroient déchus du rang des blancs ceux qui épouseroient des femmes de couleur ; d'autres enjoignoient aux notaires et curés de mettre, sur les actes qu'ils feroient pour les personnes de couleur, le mot *libre*, pour les rappeler, disoient-ils, à leur origine, quelqu'éloignée qu'elle fût ; d'autres vouloient les obliger à quitter le nom européen qu'elles avoient, pour en prendre un de l'idiôme africain. Enfin, cette fureur fut poussée

sée si loin, qu'Hilliard d'Auberteuil a osé avancer, qu'un blanc devoit se faire justice lui-même d'un homme de couleur, sans que dans aucun cas la justice pût en prendre connoissance (1).

Quand un arbre tombe, dit-on, tout le monde court aux branches. Les petits-blancs, sans possession, voulurent aussi faire la loi à ces malheureux qu'on dégradoit. Le petit-blanc, qui étoit aux gages d'un homme de couleur, ne lui épargnoit pas les humiliations ; les ouvriers-blancs les pressuroient, et les gens de couleur n'osoient se plaindre : dans les villes, les petits-blancs, qui étoient ouvriers chez les gens de couleur, vouloient être leurs maîtres. Enfin, on ne peut se faire une idée des vexations, des humiliations et des injustices que l'on faisoit éprouver aux personnes de couleur. Lorsque M. Dennery vint gouverner Saint-Domingue, après avoir gouverné la Martinique, instruit des faits, il résolut d'arrêter ces actes d'oppression, qui ne pouvoient que retarder la prospérité des colonies ; il donna ordre à tous les commandans des différens quartiers, de faire punir les petits-blancs qui se permettroient

______

(1) Considérations sur la colonie de Saint-Domingue, par Hilliard d'Auberteuil, discours III des affranchis. C'est le discours où l'on trouve les propositions les plus étranges.

des vexations à l'égard des gens de couleur.(1). Ces ordres ont été souvent exécutés. Les petits-blancs ont encore été réprimés par d'autres gouverneurs, tel que M. de Bellecombe ; et de-là cette haine contre les sangs-mêlés, de ces blancs sans propriété, sans éducation, sans mœurs : haine qui a éclaté d'une horrible manière, à la Martinique, le jour de la Fête-Dieu, et dans les autres colonies, où l'on a vu les seuls petits-blancs poursuivre et égorger les gens de couleur, en les accusant de complots chimériques.

La classe d'hommes les plus estimables auroit-elle résisté à un enchaînement d'opprobres et d'injustices aussi bien combiné, aussi suivi ? Aussi le préjugé a-t-il été porté au dernier point. Aussi ces filles de couleur libres qui rivalisoient auparavant, en honnêteté, les blanches, parce qu'elles pouvoient épouser des blancs, ont-elles été obligées de se prostituer à des blancs, avec lesquels elles vivent en concubinage. Je parle ici de celles des villes ; car les gens de couleur, habitans-propriétaires de terres et d'esclaves, (et ils sont en grand nombre) ont souffert, et ne se sont point avilis. Il en est de même des mulâtres, qui ont, dans les villes, des états et des propriétés.

---

(1) *Voyez les Considérations sur Saint-Domingue ;* dans dans le Discours III déjà cité.

Il résulte de tout ce que vous venez de lire, que la plus grande partie de la classe des gens de couleur est née libre, de parens libres, et en légitime mariage, et que ceux qui sont illégitimes sont nés de mères libres. Sur la totalité de cette classe, il n'y en a pas 200 qui aient été véritablement esclaves et affranchis.

Quant aux nègres libres qui sont encore compris dans la classe des gens de couleur libres, il n'y en a pas 1500 en tout, et plus des deux tiers sont nés libres, et les autres affranchis. Ces faits et ces calculs peuvent aisément se vérifier par les rôles des milices et les registres des paroisses.

Que résulte-t-il de tout ce que je viens d'exposer? Plusieurs vérités importantes.

1°. Que les hommes de couleur ne sont point, comme le répètent éternellement les planteurs, des affranchis qui doivent leur liberté aux blancs.

2°. Que le préjugé élevé contr'eux a une origine bien récente, puisqu'elle ne date pas de plus de 30 années.

3°. Que ce préjugé est dû entièrement à la jalousie des femmes blanches, et aux ordonnances impolitiques et tyranniques, par lesquelles on a, depuis 1768, cherché à avilir les hommes de couleur.

4°. Que d'après ces considérations , la des-
truction de ce préjugé ne peut être une innovation
bien difficile , ni bien dangéreuse ; puisqu'elle
ne fera que remettre les gens de couleur libres
en possession de droits , dont ils jouissoient il
y a 30 ans.

On a donc cherché à imprimer une fausse ter-
reur à l'assemblée nationale , sur les effets de l'a-
bolition du préjugé,

Mais n'est-ce pas par des mensonges éternels
que les colons blancs sont toujours parvenus à
égarer l'assemblée nationale ?

N'ont-ils pas dit encore par-tout , pour prouver
les vices et la paresse des mulâtres , qu'autrefois
possesseurs des meilleures propriétés , ils les
avoient vendues aux blancs, pour payer leurs dettes ? Tandis qu'on pourroit citer vingt habitations
de cette bonté, extorquées aux mulâtres par mille
injustices , et que réduits à des terreins stériles,
ils les ont rendus productifs.

Ils citent , ces blancs, les débauches de ces
mulâtresses , qu'ils corrompent eux-mêmes , et
qu'ils forcent à se prostituer , en défendant le
mariage avec les blancs , et en deshonorant les
gens de couleur.

Ils citent les crimes des gens de couleur ; et
on les défie , en compulsant les registres de

Saint - Domingue, de prouver qu'on ait con-
damné un vingtième de mulâtres, comparés avec
les blancs, quoique la justice soit si sévère pour
les premiers, et indulgente pour les autres?

Que les blancs osent citer, parmi les gens de
couleur, des crimes aussi atroces que ceux produits par certains blancs! Qu'ils citent une femme
de couleur qui ait approché en scélératesse d'une
Madame Alleaume, exécutée pour avoir empoi-
sonné deux de ses maris, et mutilé le troisième!
Ah! M. Dennery avoit bien raison de dire, en
s'indignant des abominations commises par les
blancs, que *Saint-Domingue étoit une seconde So-
dome, que le feu du ciel devoit devorer.*

DEUXIEME QUESTION.

*Doit-on accorder les droits de citoyen actif à tous les
gens de couleur libres ; et doit-on les restreindre
à certaines fractions de cette classe ?*

On m'assure que le comité colonial, cédant
en partie a la vérité, et en partie au préjugé,
doit, pour concilier tous les partis, proposer ce *mezzo termine*, c'est-à-dire, de n'accorder ces droits qu'à ceux qui auroient atteint

un certain degré de mélange de sang blanc, qui les confonde avec les blancs, par la couleur de l'épiderme. Mais outre que ce seroit, encore une fois, violer le principe de l'égalité, comme il est inutile de le démontrer, cette transaction avec le préjugé, augmenteroit les divisions, loin de les diminuer, seroit la source d'une foule d'injustices, de haines et de jalousies ; d'où résulteroit que la prospérité des colonies, seroit retardée. Entrons dans des détails.

Pour prouver les inconvéniens de cette mesure, il est nécessaire de bien expliquer ce qu'on entend par degré de couleur dans les colonies.

Le produit du blanc avec une négresse, se nomme mulâtre. Et c'est le premier degré.

Le produit du mulâtre, ou premier degré avec le blanc, s'appelle quarteron. Et c'est le second degré.

Le produit du quarteron, ou second degré, avec le blanc, s'appelle tierceron, ou troisième degré.

Le produit du tierceron ou troisième degré, avec le blanc, s'appelle metis, ou quatrième degré.

A ce degré, la couleur de l'épiderme est parfaitement la même que celle des blancs, les plus blancs de la peau. Et dans ce mélange entre ce

même

même degré, leurs produits ne montreront jamais aucune nuance qui pût faire appercevoir qu'ils sont nés d'Africains.

Le troisième degré offre bien rarement une différence dans la couleur de l'épiderme, avec celle des blancs, et cette différence même est presque insensible.

Le deuxième degré ou quarteron montre plus de variété. A ce degré, il y a des individus qui sont aussi blancs que les François les plus blancs, et les plus bruns sont comme les peuples du midi de la France les plus bazanés.

On appelle le produit de deux mulâtres, mulâtres francs, et leur couleur est un peu plus claire que celle du mulâtre naturel.

On appelle le produit entre les seconds degrés ou quarterons, quarterons francs ; leur couleur est communément plus claire que celle du quarteron naturel.

Il en est de même du tierceron ou troisième degré, et du métis ou quatrième degré.

On donne le nom générique de gens de couleur, à tous les mélanges de ces différens degrés.

Maintenant que tous ces degrés sont bien connus, on doit voir, d'après le préjugé, combien il doit être rare de voir parvenir au troisième et quatrième par légitimité ; car, pour parvenir au second degré, ou celui de quarteron en légitimité,

B

il ne faut qu'un blanc qui veuille se marier, et encourir le mépris de ses semblables ; au lieu que pour le troisième et quatrième, il en faut deux et trois. Or, il est évident qu'on trouvera bien rarement ce nombre de blancs.

Prenons un exemple. Je suppose qu'il y ait six mulâtresses à épouser, par des blancs pour avoir des enfans légitimes du second degré. Il faut, comme on voit, six blancs qui veuillent se mésallier. De ces six mariages, il viendra, je suppose, six filles et six garçons ; il faudra encore six autres blancs qui veuillent se mésallier pour avoir des tiercerons légitimes, ou le troisième degré ; et pour arriver au quatrième degré de couleur et de légitimité, il faudra encore six blancs ; ce qui donneroit le nombre de dix-huit blancs. Or, en réfléchissant à la force du préjugé, vous concevez combien il seroit difficile de trouver ce nombre de blancs.

Mais, me dira-t-on, on n'exigera que le degré de couleur, sans exiger celui de légitimité. Hé bien, alors qu'arrivera-t-il ?

1°. Vous récompenseriez et éleveriez les enfans illégitimes, de pères et mères vicieux, et qui ont violé les mœurs au détriment des enfans légitimes de pères et mères vertueux ; en sorte que le législateur récompenseroit le vice et puniroit la vertu.

2°. Ce n'est pas tout encore. Le législateur, par cette mesure, éloigneroit du mariage, et porteroit les filles de couleur au libertinage ; car il est bien clair qu'une fille, voulant avoir des enfans qui fussent réputés blancs, préféreroit de vivre en concubinage avec un blanc qui lui en procureroit, que de se marier avec un homme de couleur, qui sembleroit la dégrader. Ne seroit-ce pas favoriser le concubinage au détriment du mariage ?

3°. Nous avons vu que le préjugé, depuis 1764 jusqu'aujourd'hui, avoit empêché beaucoup de mariages entre blancs et filles de couleur, et que cela avoit engagé une infinité de filles de couleur à vivre en concubinage avec les blancs : il doit donc être évident que c'est dans cette classe d'enfans illégitimes de couleur, que se trouveront les privilégiés pour le degré de couleur ; et alors, vous auriez des citoyens actifs sans patrimoine, sans famille, avoués et reconnus ; et de gens de couleur, au premier, au second degré de légitimité, ayant une famille, un patrimoine, exclus de ce titre.

4°. Il y a beaucoup d'habitations, dont les propriétaires n'ont jamais été dans les colonies ; les économes, les ouvriers de ces habitations ont eu des enfans avec des esclaves, que les maîtres n'ont jamais voulu vendre à leurs pères ; en sorte

que ces enfans de couleur sont demeurés esclaves.
S'il y en a qui sont au degré quelles loix exige-
roient pour être citoyens ; alors vous tireriez de
l'esclavage un individu, pour le porter au rang de
citoyen , et vous excluriez de ce droit un père
un propriétaire.

Je suppose que la mesure du comité soit adop-
tée ; il en résultera le trouble, la haine, la jalousie
dans les familles.

Un frère et une sœur arrivent au degré où il
ne faut plus qu'une alliance avec un blanc, pour
avoir des enfans reconnus citoyens actifs. Le
frère, d'après le préjugé, ne pourra épouser une
blanche ; il épousera donc une fille de couleur,
et ses enfans, qui seront germains avec ceux que
sa sœur aura eus d'un blanc, seront de condition
différente ; les derniers seront obligés de mépriser
les premiers. Quels désordres cette différence ne
porteroit-elle pas dans les familles ! On demande
en France une loi d'égalité de partage, pour créer
plus d'union dans les familles , et dans les colonies on en feroit une qui les désuniroit ; d'autant plus que les distinctions de rang sont plus
cruelles que les distinctions de fortune. Les meilleures loix sont celles qui peuvent détruire les
haines et faire régner les mœurs.

6°. Si vous donnez au degré de couleur et de

légitimité, joints ensemble, la préférence, et qu'il faille les réunir tous les deux, jusqu'au second degré; qu'arriveroit-il? Le préjugé subsistera toujours pour une nombreuse partie; car dans cet état de choses, jamais ceux qui sont en arrière de ces deux degrés, n'y arriveroient, parce qu'il ne trouveroit pas des blancs qui voulussent se mésallier.

7°. Les hommes, sur-tout, d'après le préjugé, ne pouvant trouver à se marier avec des blanches, n'atteindroient jamais le degré de couleur. Il arriveroit encore, d'après cette mesure, que les enfans étant plus proches du degré que leurs mères, les mépriseroient. Or, quels troubles et quels désordres un pareil mépris des mœurs domestiques occasionneroit dans les familles!

8°. Toutes ces mesures, soit pour le degré de couleur seul, soit pour le degré de légitimité, soit les deux ensemble, seroient donc dangereuses, et ne feroient qu'entretenir le préjugé.

9°. Il faut le détruire en entier, et l'on détruira la cause de toutes les divisions actuelles. Déclarez que tous les sangs-mêlés libres de la colonie ont droit d'être citoyens actifs, alors beaucoup de blancs ne répugneront plus à épouser des filles de couleur, parce qu'alors ces mariages ne les écarteront pas des places; alors les filles de couleur qui n'attendront que de leur vertu, leur alliance avec les blancs, la pratiqueront. Enfin, ces alliances, devenant communes, peu à peu on s'y accoutumera, et dans vingt ans, j'ose le prédire, le préjugé sera effacé ; et si, comme je n'en doute pas, des filles d'Europe épousent, dans les colonies, des hommes de couleur, bientôt les mariages entre blancs purs seront en petit nombre ; et les antiques prétentions qu'ils pourroient conserver, seront anéanties par l'intérêt général de la majorité, qui tendroit à les détruire.

Je ne m'appesantirai pas sur les conséquences heureuses qui résulteroient de cet état de choses ; elles ont été développées dans plusieurs ouvrages, et sur-tout dans la lettre de M. Brissot à M. Barnave ; mais je ne puis terminer ces réflexions, sans proposer quelques questions aux colons blancs, qui veulent si lestement nous dépouiller des droits, qui nous appartiennent au même titre qu'à eux.

Première question.

L'assemblée nationale a-t-elle le droit de décréter, comme article constitutionnel, qu'une classe d'individus libres, propriétaires, contribuables, etc. doit obéir, non-seulement à des loix

qu'ils n'auroient pas consentie, ni leurs répré-
sentans, mais encore à celles qui seroient faites
par une classe d'individus, ennemis déclarés des
premiers ?

Les colons blancs ont assez montré qu'ils
étoient les ennemis des hommes de couleur libres, etc. et cependant ils sollicitent l'assemblée
nationale pour qu'elle décrète, comme article
constitutionnel, qu'ils pourront eux seuls faire
des loix pour les hommes de couleur libres, propriétaires !

Deuxième question

L'assemblée nationale peut-elle transmettre le
droit de législatrice, qu'elle tient de la nation,
à une partie de la population d'une province,
pour en user envers l'autre partie, sans que
cette première partie de la population dût rester
assujétie aux loix qu'elle feroit pour la seconde ?

Les colons blancs demandent à l'assemblée
nationale de leur transmettre le droit d'être seuls
législateurs des hommes de couleur libres, propriétaires, contribuables, et que ceux-ci soient
assujétis aux loix qui leur seront données par les
colons blancs, sans que ceux-ci y soient assujétis.

Troisième question.

L'assemblée nationale a-t-elle le droit de décréter l'état des personnes de couleur libres, propriétaires, contribuables, différemment que celui des blancs, d'assigner aux premiers une ligne de démarcation, qu'ils ne sauroient jamais franchir, et de les priver, par ce moyen, des avantages de la société?

Les colons blancs demandent cependant à l'assemblée nationale, qu'une ligne de démarcation sépare d'avec eux les hommes de couleur libres, propriétaires, contribuables, etc. et qu'ils ne puissent jouir des mêmes avantages que les blancs, qui ne sont ni plus libres ni plus contribuables que les hommes de couleur.

Quatrième question.

L'assemblée nationale, comme législatrice, peut-elle, en forçant des individus à obéir à des loix que ni eux ni leurs représentans n'auroient consenties, les forcer encore à demeurer dans un pays, où ces loix ne lieroient qu'eux, et ne péseroient que sur eux?

Si les colons blancs sont autorisés à faire seuls des loix pour les hommes de couleur libres, etc. si ces loix ne sont obligatoires et ne pèsent que sur eux, peut-on alors empêcher les hommes de couleur d'émigrer avec leurs fortunes, pour aller chercher ailleurs des loix plus égales et plus justes?

Cinquième question.

L'assemblée nationale, comme législatrice, peut-elle, sans renverser tout fondement d'équité, sans blesser toute justice, faire plus péser la loi sur certains individus libres, propriétaires, contribuables, etc. que sur d'autres, sous le faux prétexte que les premiers n'ont pas une origine aussi distinguée que les autres?

Les colons blancs n'allèguent pas d'autres raisons que celle de la différence d'origine, pour demander à l'assemblée nationale des loix qui ne touchent et n'assujétissent que les hommes de couleur libres, propriétaires, contribuables, etc. comme les colons blancs.

Sixième question.

Des législateurs qui doivent habiter le pays pour lequel ils font des loix, peuvent-ils se soustraire eux seuls à la totalité des loix qu'ils feront?

Si les colons blancs observoient ce qu'ils demandent à l'assemblée nationale, le droit d'être seuls les législateurs dans les colonies, ils feroient des loix contre les hommes de couleur libres, propriétaires et contribuables, qui habitent les colonies, que la plupart des blancs n'habitent pas.

Septième question.

Quel est le pouvoir sur la terre qui peut s'arroger le droit de faire des loix injustes, lorsque l'Eternel s'en est abstenu ?

Les loix injustes sont celles qui sont faites contre les droits de la nature, et avec le glaive desquelles on force ceux, contre qui elles sont faites, d'y obéir, quoiqu'ils n'aient pas été consultés, et que leurs intérêts soient blessés.

Telles seroient cependant les loix que les colons blancs sollicitent contre les hommes de couleur libres, propriétaires, contribuables, etc.

Huitième question.

L'assemblée nationale peut-elle, sans injustice et sans renverser toute la déclaration des droits de l'homme, décréter qu'un citoyen françois, qui va s'établir dans les colonies françoises, puisse y être dégradé de ses droits, ainsi que ses enfans, en épousant légitimément une personne née libre, sous le prétexte que cette personne libre tient son origine d'une femme qui aura vécu autrefois dans l'esclavage ?

Un citoyen françois passe dans les colonies ; s'il y suborne une fille , s'il vit avec elle dans un concubinage public, il ne perd aucun des droits de citoyen françois.

Mais s'il épouse une femme vertueuse , s'il pratique toutes les vertus civiles et morales, s'il est bon père , bon mari , bon citoyen, s'il fait bien élever ses enfans, et qu'ils répondent aux soins qu'il en a pris : eh bien , tout cela ne l'empêchera pas d'être dégradé de tous les droits de citoyen , lui et ses enfans, si la femme qu'il a épousée , née libre , tire son origine d'une femme qui aura été esclave ! L'injustice va encore plus loin ; car , si les enfans légitimes de ce premier mariage, sont encore mariés à des citoyens françois , et qu'ils aient des enfans légitimes ; eh bien, ces enfans, à la seconde génération de légitimité, quoique François, sont encore, ainsi que leurs pères , flétris par l'opinion, dégradés des droits de citoyens , et privés de tous les avantages de la société , quoique riches propriétaires, et contribuables.

Cependant Louis XIV, dans son édit de 1685, octroyoit aux affranchis, proprement dit , le droit de citoyen. Il faisoit plus ; il obligeoit le François , qui avoit abusé de son esclave , de l'épouser et de légitimer ses enfans, s'il n'étoit pas marié ; et la femme, devenue libre par le fait du mariage, étoit élevée à la condition de son mari, ainsi que ses enfans.

L'assemblée nationale seroit-elle moins juste qu'un despote ?

LETTRE

De M. RAYMOND à J. P. BRISSOT.

LE hasard vient de me procurer la lecture d'une lettre que distribue contre vous P. B. F. Laborde, qui se dit député à la défunte assemblée générale de Saint-Domingue.

Ce brave champion, laissant à d'autres plumes le soin de répondre à la lettre que vous avez publiée contre M. Barnave, et qui reste encore sans réponse ; ce brave champion, dis-je, s'est attaché à travestir et altérer deux faits que vous avez cités dans cette lettre, et que je vous ai fournis moi-même.

Avant de réfuter tous les mensonges et toutes les inepties que renferme ce misérable pamphlet, je dois remarquer l'adresse des colons, qui, n'osant attaquer vos calculs et vos raisonnemens, s'attachent à de petits, mais bien petits faits, pour rendre suspecte l'exactitude de vos renseignemens, et détruire l'impression que vous avez faite. Mais cette ruse ne leur réussira pas ; et secondant le zèle que vous mettez à poursuivre ces tyrans des colonies, je vais prouver la mauvaise foi et l'ignorance que porte P. B. F. Laborde, jusques dans le récit de ces petits détails.

GUILLAUME, CHARLES et ALEXANDRE LABADIE étoient trois frères. Ils n'ont pas hérité de biens aussi considérables que P. B. F. Laborde veut le faire entendre par sa lettre. Leur père étoit Béarnois ; il fit en mourant un testament, par lequel il laissa M. Darmand exécuteur testamentaire et légataire universel. Celui-ci, connoissant les intentions du défunt, remit, deux ans après, à Guillaume, Charles et Alexandre Labadie toute la succession ; et chargea Guillaume Labadie, dont la probité lui étoit connue, de donner, à Benjamin Labadie leur frère, mineur, une somme de trente mille livres à sa majorité ; ce qui a été exécuté.

Cette succession consistoit environ en soixante esclaves et de mauvaises terres. Ainsi chacun des enfans a eu environ quinze nègres, et les terres ont été partagées.

Comment P. B. F. Laborde ose-t-il avancer que les terres dont Labadie a hérité, ont dû s'élever, depuis quarante ans, à quarante fois leur valeur primitive, tandis qu'il ne doit pas ignorer que les terres que possédoit le vieux bon homme Labadie, ont si fort perdu de leur première valeur, que le quartier où elles étoient situées est devenu un désert? P. B. F. Laborde ne peut pas ignorer que, depuis le grand Haliers jusqu'à la rivière des Côtes-de-Fer (ce qui fait une distance de six lieues), il n'y a plus un seul établissement, tant la sécheresse frappe cette partie de stérilité; d'ailleurs, elle est totalement privée d'eau douce, qu'il faut aller chercher jusqu'à deux ou trois lieues.

Guillaume Labadie, après la mort de son père, fut obligé, par la sécheresse du quartier, d'abandonner ces habitations et d'en acheter une à la coline d'Aquin, de M. Radoux; habitation sur laquelle Labadie a toujours resté depuis, sans avoir vendu ni cédé ses autres terres.

Il y a environ dix ans que Labadie voulut essayer de cultiver encore une de ces habitations, située à l'Etang-Salé; mais les sécheresses l'y ont fait renoncer, et il a été contraint d'en faire une espèce de hâte (endroit destiné à élever des bestiaux), seul moyen de tirer parti de ces terres.

D'après tout cela, il est évident que Labadie n'a eu, de l'héritage de son père, qu'environ quinze nègres et l'habitation de lE'tang-Salé. Ses autres frères ont eu les autres. Aujourd'hui Labadie a cent cinquante esclaves appartenant à lui seul, et beaucoup d'argent comptant, avec l'habitation de la Coline, qu'il a acquise de M. Radoux.

Si les frères vivans de Labadie ne sont pas aussi riches que lui, c'est qu'ils se sont obstinés à cultiver toujours ces mauvaises terres, auxquelles P. B. Laborde prête une si forte valeur.

Tout ce détail dément, d'une manière irrésistible, ce que P. B. F. Laborde avance avec assurance, que Labadie n'étoit pas aussi intelligent pour l'administration de ses biens, que vous l'avez dit dans la note de votre lettre, page 15.

Voyons maintenant si P. B. F. Laborde est plus exact dans les autres assertions de sa lettre.

La dépense de Labadie, dit-il, *ni ses bienfaits envers sa famille, ni toute autre considération, n'ont pu diminuer sa fortune.*

Labadie, comme je l'ai prouvé, a considérablement augmenté sa fortune, et il n'en a pas moins été généreux et bienfaisant envers sa famille et les étrangers, tant blancs que personnes de couleur.

Il a abandonné à son beau-frère Julien Delaunay, les droits qu'avoit sa femme à la succession de leur mère commune, madame Vinceneuil. Avant cela, il avoit payé plusieurs dettes de ce beau-frère, et il avoit fait des dons assez considérables à deux neveux et une nièce du côté de sa femme.

Quant à son frère Charles Labadie, quoique
moins

moins riche que lui, il n'a jamais eu besoin d'aucun secours; mais il n'en a pas été de même de
Benjamin, son cadet, auquel il a fait plusieurs
fois des dons dont il a mal usé.

Et qui peut nier que Labadie n'ait été très-
charitable envers les pauvres blancs, pacotilleurs
et autres? il y en avoit toujours chez lui, et P.
B. F. Laborde doit bien le savoir; cette sorte
de charité de Labadie l'avoit fait surnommer le
père des pacotilleurs.

Quant à ses voisins, hommes de couleur, rien
ne prouve plus le bien qu'il leur faisoit, que le
dévouement que quinze d'entre eux lui ont montré, lorsqu'ils se sont armés, pour aller le délivrer
à Aquin, lors de l'invasion des vingt-cinq
brigands qui l'ont assassiné chez lui. D'ailleurs,
P. B. F. Laborde, qui étoit du nombre, avoue
dans sa lettre, que quinze mulâtres vinrent demander sa grace; c'est une preuve que cet honnête homme ne leur étoit pas indifférent.

Je passe à la dénégation de P. B. F. Laborde,
sur les connoissances de Labadie. Il dit, et croit
être plaisant : *que la nature n'a pas mis dans
la tête crépue de Labadie, les connoissances de d'Alem-
bert, le génie de Buffon et l'érudition de nos historiens
anciens et modernes, etc.* Cela est vrai. Mais la nature a-t-elle mis le génie et les connoissances de

ces grands hommes dans la tête unie et très-simple de P. B. F. Laborde ? Hélas ! pour se convaincre du contraire, il ne faut que lire sa lettre, qu'il prend cependant grand soin d'affirmer être de lui. —

Sans être égal à tous ces grands hommes, Labadie a su les entendre, les concevoir, et même les expliquer, et sa tête, quoique crêpue, est bien mieux meublée de connoissances que celle de P. B. F. Laborde, et de beaucoup d'autres blancs.

Pour le prouver, voici un moyen que je lui propose. Je consignerai ici 6000 liv., P. B. F. Laborde en fera autant. Nous enverrons à Saint-Domingue un homme impartial, et en état de juger quel est le plus instruit, de Labadie, ou de P. B. F. Laborde : si c'est le premier, P. B. F. Laborde perdra son argent, et il appartiendra à celui qui aura fait le voyage ; si c'est au contraire P. B. F. Laborde, qui est le plus instruit, mon argent sera perdu. Je défie P. B. F. d'accepter ce pari. S'il refuse, il est jugé.

Les commissions honorables dont Labadie a été revêtu, prouvent l'idée qu'on avoit de son intelligence. Labadie a été commissionné de lieutenant dans la milice ; et, en cette qualité, a très-bien servi dans la guerre de 1749 et 1757. Voulez-vous une preuve de cet esprit public que P. B. F. Laborde paroît refuser à cet homme de couleur, si généralement estimé? En voici une. Labadie, en 1782, a donné 1000 livres, pour sa part volontaire, de contribution; d'un vaisseau que la colonie avoit voulu offrir au roi; et j'ai les preuves en main, que les personnes de couleur libres, et propriétaires d'Aquin, ont donné, entre dix-huit, une somme de près de dix mille livres, pour ce même objet. Voilà pourtant les hommes que M. Laborde veut dégrader, et priver du droit de citoyen.

J'arrive à l'assassinat de Labadie; on dit que P. B. F. Laborde étoit un des complices: d'après cela vous jugez de l'intérêt qu'il avoit à dénaturer les faits; mais ses contradictions mêmes vont les rétablir.

Les citoyens d'Aquin, dit-il, page 6, envoyèrent chez Labadie des forces suffisantes, pour y dissiper un attroupement de gens de couleur, dont on les avoit informés, etc.

Premièrement, il est faux que Labadie eût une assemblée chez lui d'hommes de couleur libres; la suite le prouvera. Mais quand même il eût été prouvé que des gens de couleur libres et propriétaires se fussent assemblés chez Labadie, pour y délibérer sur leurs affaires, n'en avoient-ils pas le droit ? Qui avoit celui de les en empêcher ? Les blancs ne s'assembloient-ils pas? Pourquoi des hommes libres et propriétaires comme eux, en eussent-ils été empêchés ? sur-tout lorsqu'ils avoient été invités par le comité du sud, à nommer des électeurs de leur classe, pour aller prendre connoissance de leurs intérêts respectifs.

Mais si Labadie seul étoit soupçonné, pourquoi les mêmes personnes, avant d'aller chez lui, ont-elles été , au nombre de vingt-cinq, chez Claude Boisrond et chez mon frère, qu'on savoit être absens de leurs habitations? Pourquoi, ne les trouvant pas, ont-elles lâchement insulté leurs épouses, enfoncé toutes les portes, enlevé tous leurs papiers , sous prétexte d'y chercher ma correspondance?

Lisez, monsieur, attentivement la lettre de P. B. F. Laborde, page 7, et comparez son récit avec la relation que je vous ai envoyée, et vous verrez de quel côté est la vérité.

A minuit on arriva, dit P. B. F. Laborde , *chez Labadie*, avec vingt-cinq hommes ; *M. Gay frappa à la porte qui fait face au nord ; Labadie ne tarda pas à répondre ; M. Gay lui donna sa parole d'honneur que rien ne lui seroit fait. Labadie répondit, que, si quelqu'un ouvre sa porte, il lui brûlera la cervelle ; et à l'instant même Labadie ouvre sa porte et couche en joue M. Gay , etc.* et tire son coup de fusil. Comment se fait-il que Labadie, qui menace de brûler la cervelle au premier qui ouvrira sa porte, l'ouvre lui-même au même instant ; et lorsqu'il sait qu'il y a vingt-cinq hommes armés , qui en veulent à ses jours ? cela peut-il se croire ?

Alors, continue Laborde , *M. Gay, qui échappa à la mort, saisit Labadie , par les cheveux , le terrassa. Il étoit maître de sa vie , et il ne la lui ravit pas.*

Remarquez, et ceci est essentiel, que dès ce moment, voilà les blancs, maîtres de Labadie , et que par conséquent il est mis hors d'état de rien entreprendre.

Mais (continue Laborde) *les citoyens tirèrent sur les portes au sud de la maison , quoique fermées, et en l'air, dans l'intention d'en imposer aux autres mulâtres qui étoient chez Labadie , etc.*

Tout ceci n'est-il pas bêtement arrangé , pour disculper l'assassinat ? N'est-il pas plus vraisemblable , comme le dit la relation que je vous ai remise, que les portes de la maison , forcées et abattues par les coups de fusils , nécessitèrent Labadie , alors , à sortir, et à faire usage de son arme pour se défendre ; et que c'est à cette époque où il reçut les trois coups de feu, et que son petit nègre fut tué à ses côtés ?

Car , si ces coups de fusils n'eussent été tirés,

comme dit P. B. F. Laborde, que pour faire peur aux mulâtres qui étoient chez Labadie, et qui se sont enfuis, à la faveur de la nuit, comme dit Laborde : pourquoi n'a-t-on pu prendre ni voir aucun de ces mulâtres ? comment pouvoient-ils s'évader, sans être apperçus, d'une maison isolée en rase campagne, lorsque cette maison étoit investie de 25 à 30 personnes ? Qui ne sait, d'ailleurs, que sous la ligne, et à 15 degrés près, les nuits sont si peu sombres, qu'elles laissent voir à une très-grande distance ? Et, qui ne voit dans tout le verbiage de P. B. F. Laborde, un entassement de mensonges grossiers ?

Sitôt, dit P. B. F. Laborde, *que le petit grif*, dont le nom est Valère, ou petit coquin, comme vous le verrez, auquel il donne un nom sale, pour avoir occasion de faire une diatribe, *vit qu'on avoit saisi son maître, il se présenta avec un fusil et le tira ; mais le fusil fit fausse amorce ; alors les blancs tirèrent sur ce grif ; il fut couché. Labadie reçut trois blessures.*

Comment, monsieur, pouvoir arranger les personnages de cette scène, pour faire concevoir ce coup de théâtre ? Labadie est arrêté et saisi ; son petit nègre, pour le venger, veut tirer sur ses assassins : il étoit indubitablement séparé de cette troupe, et de Labadie ; comment se fait-il

que tandis que les blancs ripostent à ce grif
Labadie reçoit trois coups de feu, lui qui devoit
en être éloigné, puisqu'à ce moment P. B. F. Laborde le dit saisi?

Ah! monsieur, c'est ici où l'on sent la nécessité des jurés et le vice d'une procédure écrite ;
car les témoins, devant les jurés, seroient fort
en peine d'arranger la position des personnes avec
leurs dépositions dans cette affaire.

Mais au reste, quel trait peut mieux prouver
l'assassinat prémédité de Labadie, que celui
fait quelques jours avant, de M. Ferrand de
Beaudiere, au Petit-Goave? Ce magistrat n'avoit
commis d'autre crime que celui d'avoir rédigé une
adresse en faveur des hommes de couleur libres,
et les blancs lui tranchent la tête. Jugez, d'après
la connoissance que Labadie devoit avoir de ce
fait, s'il devoit croire aux bonnes intentions des
brigands qui forçoient sa maison dans les ténèbres,
et si tout ne devoit pas lui faire voir qu'on en
vouloit à ses jours.

Voulez-vous voir, monsieur, combien P.B.F.
Laborde est impartial, inconséquent et toujours
en contradiction avec lui-même, lisez la deuxième
et troisième note de la page 8 de sa lettre. Dans
la deuxième note, il fait l'éloge *de la brave con-
duite* du mulâtre Beuthier, et à la troisième note

il veut tourner en ridicule la bravoure que vous attribuez à la classe des mulâtres, ainsi que M. de Damas, et tous les généraux qui ont commandé ces hommes ? Mais je suis d'autant plus surpris que P. B. F. Laborde mette en doute la bravoure des hommes de couleur, que feu son oncle, Lonné, de qui il a hérité, en a fait plus d'une fois l'expérience à ses dépens.

Si P. B. F. Laborde avoit pris la peine de lire l'article des colonies françoises, dans le moniteur du 14 janvier de cette année, il n'eût pas été si prompt à tourner en dérision la bravoure des hommes de couleur ; il eût vu dans cet article, que 400 blancs avoient fui devant les mulâtres du sud, et abandonné trois pièces de canon — ?

Laborde ne cesse de décrier la bravoure des gens de couleur. Je le crois. C'est à leur aide que MM. Peynier et Mauduit ont dissous l'assemblée coloniale ; ce sont eux qui ont sauvé le Port-au-Prince et la Martinique. P. B. F. Laborde a-t-il donc oublié cette vérité vingt fois avancée par nos adversaires, les blancs même, que les mulâtres étoient le boulevard le plus sûr des colonies.

Il me reste à vous faire connoitre P. B. F. Laborde qui vous écrit. Vous aurez alors la mesure du personnage et de la foi qu'on lui doit. Il est passé fort jeune à Saint-Domingue ; il hérita d'un oncle qui mourut.

Cet oncle de Laborde avoit gagné avec ma famille environ 100 mille livres, comme MM. les quatre-vingt-cinq disent, que tous les blancs, qui ne sont pas habitans, gagnent de l'argent, c'est-à-dire, par toutes sortes de voies (1). Lonné, oncle de Laborde avoit acheté de nous une créance d'environ 24,000 liv. que nous avions sur l'habitation de notre mère, pour environ 3,000 liv. Avec cette créance il trouva moyen de s'impatroniser dans l'habitation de feue ma mère, femme âgée alors de plus de 65 ans, ne pouvant agir, à cause de ses infirmités, et avec laquelle Lonné nous avoit brouillés par ses rapports envenimés, pour écarter nos regards de ses manœuvres. Pendant deux ans qu'il a géré les affaires de ma mère, et qu'il avoit un intérêt sur l'habitation, il a gagné 40 esclaves. Mais enfin, ma mère, avertie de tous côtés, et

---

(1) Voyez l'*Examen du Rapport de M. Barnave*, par M. Millet ; et l'*Observation politique sur la situation de Saint-Domingue*, par M. Depons.

comparant les grands profits de Lonné avec ses petits moyens, le change.

Obligé de plaider avec la Vacance, pour avoir la succession de cet oncle, P. B. F. Laborde vécut pendant ce temps aux dépens de Poinson homme de couleur, qui lui servoit de père ; il y resta plus de 18 mois. Après avoir dissipé une partie de la succession de son oncle, il repassa en France, pour y faire une pacotille avec environ 8000 liv. Pendant son séjour à Bordeaux, il fit des dettes de plus, qu'il n'a point encore payées depuis dix ans. Un de ses compagnons lui obtint la procuration de madame de la P....., femme de couleur ; de retour à Saint-Domingue, P. B. F. Laborde fut bientôt dépouillé de cette procuration ; alors il retourna chez Poinson, son bienfaiteur, qui le nourrissoit et le logeoit, et il étoit journellement avec des personnes de couleur avec lesquelles il faisoit de petites affaires bien avantageuses. Vous conviendrez, d'après ces faits, qu'il y a plus que de l'ingratitude dans l'insolent mépris de P. B. F. Laborde envers ses bienfaiteurs, les hommes de couleur.

Il me désigne, dans sa lettre, comme mulâtre, en parlant de celui qui vous a fourni des faits. Si je l'étois, je n'en rougirois pas, parce qu'un ame honnête n'a jamais à rougir que de mauvaises actions ; mais P. B. F. Laborde doit me connoître assez, pour savoir que je suis fils et petit-fils, en légitime mariage, de pères blancs Européens et habitans de Saint-Domingue, et que je le défie d'alléguer contre moi aucune action qui puisse faire rougir un ami de la vertu. —

P. B. F. Laborde ne veut pas finir sa lettre sans répéter, pour la millième fois, l'argument banal des colons : *vous ne connoissez pas ce pays là, allez dans ce pays là.*

A -t-il pu croire que si vous exécutiez ce conseil, vous abandonneriez les principes qui vous dirigent, que vous revêtiriez un jour l'ame de boue, et l'esprit rétreci de certains colons ? il vous connoît peu ; car ce n'est pas avec les yeux de l'ignorance que vous voyez ; ce n'est pas avec une ame de fer que vous sentez, et ce n'est pas enfin, avec un esprit étroit que vous cherchez la vérité.

P. B. F. Laborde vous conseille de faire un voyage de trois ans à Saint-Domingue, pour y connoître la vérité sur les hommes de couleur ; Eh ! bon dieu ! a-t-on besoin d'aller si loin, et d'un si long temps pour la trouver ? Ne la voit-on pas ici, cette vérité, quoiqu'on cherche à l'obscurcir ? 1°. dans les mensonges des colons

qui ont osé affirmer au comité de vérification (1)
que les hommes de couleur, libres , avoient été
appellés aux assemblées primaires, et qu'ils avoient
concouru à la nomination des députés blancs ;
lorqu'au contraire l'on vit à Saint-Domingue le
Sénéchal, M. Ferrand de Baudière, assassiné, pour
avoir rédigé une pétition en faveur des gens de
couleur, libres , qui demandoient, comme propriétaires et contribuables, de jouir des droits de
citoyens ;

2°. Dans l'assassinat prémédité de Labadie, parce
qu'on soupçonnoit qu'il tenoit chez lui des assemblée des gens de couleur , libres, pour délibérer et nommer des électeurs pour les Cayes,
par invitation du comité de ce lieu ;

3°. Dans les intrigues des colons blancs ,
ourdies ici pour écarter les réclamations que
les citoyens de couleur propriétaires , et contribuables, adressoient à l'assemblée nationale ;

4°. Dans l'adresse coupable que les colons
blancs ont employée , pour faire confondre
la cause des libres, propriétaires et contribuables,
avec celle de leurs esclaves ;

5°. Dans les soins qu'ils ont pris pour faire

----

(1) MM. les membres du comité de vérification peuvent attester ce fait.

intercepter, tant ici qu'à Saint-Domingue , tout ce qui auroit pu donner des lumières à l'assemblée nationale ;

6°. Dans leurs artifices pour faire rejetter , comme illusoire, l'offre de 6 millions de don patriotique que les gens de couleur ont faite à la nation , et qu'ils sont prêts à payer aux commissaires que l'assemblée nationale nommera pour les recevoir. (1)

7°. Dans le résultat de toutes ces intrigues , qui ont entrainé l'assemblée nationale à porter trois décrets sur les colonies , sans que les hommes de couleur libres et propriétaires , aient pu se faire entendre, ni leurs défenseurs ; quoique cependant l'assemblée nationale leur eût promis authentiquement, *que jamais on ne réclameroit en vain auprès d'elle, contre des préjugés, etc.* ; et dans tous les rapports qui ont précédé ces décrets, les discussions n'ont jamais été ouvertes, les colons blancs seuls ont été consultés.

Enfin, ne la voit-on pas, cette vérité, dans le silence de M. Peynier ? M. Peynier vient de

______

(1) J'ai des lettres, signées de plus de 50 personnes de couleur, de la partie du sud, qui m'autorisent , au nom de tous, de renouveller cet offre, et qui sont prêts à faire les fonds. Mais, ai-je jamais pu être entendu ?

Saint-Domingue, il a dissous l'assemblée coloniale ; il a été forcé d'armer les gens de couleur ;
personne peut donner plus de lumières à l'assemblée nationale ; cependant il est en France, à
Paris même, et il n'est pas entendu. Même observation pour le député de M. de Damas. Envoyé
en France exprès, il n'est point entendu ! cependant, si l'on doit croire ses récits, et ils ne peuvent pas être suspects, on doit aux gens de couleur le salut de la Martinique.

www.ingramcontent.com/pod-product-compliance
Lightning Source LLC
LaVergne TN
LVHW012057030726
842523LV00002B/580